KB212514

영어로 보는 성경의 핵심

하나님은
누구이신가

아이씨씨엠

머리말

성경은 어렵다고 한다.

우주 만물을 품 안에 안고 생겨나게 하고, 자라게 하며, 모습이 변하고 없어지면 다시 생겨나게 하는 주체, 즉 우주에 채워진 무한대의 에너지와 그 운동의 뜻을 이해하므로 하나님의 존재와 하나님과 자연, 하나님과 나와의 관계를 규명 할 수 있기 때문이다.

각 복음서 별로 흩어져있는 말씀들을 내용별로 모아 현대 과학적 논리적으로 접근하므로 쉽게 이해하고자 이 책을 썼다.

영어 성경을 읽으므로 각자가 해석하며, 구절에 담긴 깊은 뜻을 찾아내며 생각의 차원을 높여 나가므로 하나님의 세계를 볼 수 있을 것이다.

보이지 않으나 존재하며, 지금 이 순간에도 움직이고 있는 하늘의 생명력의 세계는 학문이나 이론의 틀에서 벗어나, 마음의 눈을 뜨고 귀를 기울일 때 볼 수 있는 신비의 세계이다.

우주 만물의 근원이요 모든 생명체의 아버지이신 하나님, 우리 마음의 본질과 속성을 깨달으므로 하나뿐인 진리를 체득할 수 있을 것이다.

독자 여러분 모두가 깨달아, 삶의 바른 가치를 찾으시기를 소망하여 본다.

2019년 9월

신 기 영

목 차

자연은 어떻게 생겨나는가.
진리란 무엇인가.

In the beginning was the Word, and the Word was with God, and the Word was God. He was with God in the beginning.

태초에 말씀이 계셨으니, 이 말씀이 하나님과 함께 하셨으며, 이 말씀이 곧 하나님이시다. 그는 태초부터 하나님과 함께 계셨다.

요한복음 1 : 1-2

The God who made the world and everything in it is the Lord of heaven and earth and does not live in temple built by hands. And he is not served by human hands, as if he needed anything, because he himself gives all men life and breath and everything else.

우주와 그 안에 있는 만물을 만드신 하나님은 하늘과 땅의 주인이시니 손으로 지은 전에 계시지 아니하고, 또 무엇이 부족하여 사람의 손으로 섬김을 받지 않으시니, 만민에게 생명과 호흡과 모든 것을 주시는 분이시다.

He is the image of the invisible God, the firstborn over all creation. For by him all things were created: things in heaven and on earth, visible and invisible, whether thrones or powers or rulers or authorities; all things were created by him and for him. He is before all things, in him all things hold together.

And he is the head of the body, the church; he is the beginning and the first born from among the dead, so that in every thing he might have the supremacy.

그는 보이지 아니하시는 하나님의 형상이오, 모든 창조물보다 먼저 계셨으며, 만물이 그분으로부터 생겨났으니, 하늘과 땅에서 보이는 것들과 보이지 않는 것들과, 혹은 보좌들이나 주관들이나 정사들이나 권세들이나 모든 만물이 그분에 의해 창조되었고 그분을 위한 것이다. 그가 만물보다 먼저 계시고, 만물이 그분 안에 함께 있느니라.

그분은 몸인 교회의 머리이시니, 만물의 근본이요, 죽은 자들 가운데서 먼저 나신 만물의 으뜸이시다.

골로새서 1 : 15-18

Now faith is being sure of what we hope for and certain of what we do not see. This is what the ancients were commended for. By faith we understand that the universe was formed at God's command, so that what is seen was not made out of what was visible.

믿음은 바라는 것들의 실상이요, 보지 못하는 것들의 확신이다. 선인들도 이를 인정받은 바 있다. 믿음으로 우주가 하나님의 말씀으로 형성되어 있다는 것을 알 수 있으니, 보이는 것은 볼 수 있는 것에서 만들어진 것이 아니다.

히브리서 11 : 1-3

Heaven and earth will pass away, but my words will never pass away.

천지는 없어지나, 내 말은 없어지지 아니 하리라.

마태복음 24 : 35

All men are like grass, and all their glory is like the flowers of the field; the grass withers and the flowers fall, but the word of the Lord stands forever.

만물은 풀잎 같으며, 모든 영광은 들에 핀 꽃과 같다,

풀잎은 시들고, 꽃은 떨어진다, 그러나 주님의 말씀은 영원히 존재한다.

베드로전서 1 : 24-25

Through him all things were made; without him nothing was made that has been made. In him was life, and that life was the light of men. The light shines in the darkness, but the darkness has not understood it.

만물이 그분을 통하여 만들어졌으니, 그분 없이는 아무것도 만들어지는 것이 없느니라. 그분 안에 생명이 있었으니, 이 생명이 만물의 빛이다. 빛이 어두움을 비추나, 어두움은 이를 알지 못한다.

요한복음 1 : 3-5

For our "God is a consuming fire."

우리 "하나님은 계속 사용할 수 있는 불 이시다."

히브리서 12 : 29

He said to me: "It is done. I am the Alpha and the Omega, the Beginning and the End. To him who is thirsty I will give to drink without cost from the spring of the water of life. He who overcomes will inherit all this, I will be his God and he will be my son."

내게 말씀하시되, "이루었도다. 나는 알파요 오메가이다, 처음과 끝이다.

목마른 자에게 대가 없이 생명수를 주리라. 극복하는 사람은

이 모든 것을 유업으로 얻으리라, 나는 그의 하나님이 되고 그
는 내 아들이 되리라."

요한계시록 : 21 ; 6-7

Whoever drinks the water I give him will never thirst. Indeed, the water I give him will become in him a spring of water welling up to eternal life.

내가 주는 물을 마시는 사람은 결코 목마르지 아니할 것이다. 이 물은 그 사람 안에서 영생하도록 솟아나는 샘물이 될 것이다.

요한복음 4 ; 14

A time is coming and has now come when the true worshipers will worship the Father in spirit and truth, for they are the kind of worshipers the Father seek. God is spirit, and his worshipers must worship in spirit and in truth.

아버지께 참으로 예배하는 자들은 신령과 진정으로 예배할 때가 오고 있으니, 아버지께서는 이런 사람들을 찾고 계신다. 하나님은 영이시니 예배하는 자는 신령과 진정으로 예배하여야 한다.

요한복음: 4 ; 23-24

I tell you the truth, whoever hears my word and believes him who send me has eternal life and will not be condemned; he has crossed over from death to life.

내가 진실로 너희에게 이르노니, 내 말을 듣고 나를 보내신 그분을 믿는 자는 영생을 얻고, 심판에 이르지 아니할 것이니, 사망에서 생명으로 건너 가리라.

요한복음 5 : 24

You show that you are a letter from Christ, the result of our ministry, written not with ink but with the Spirit of the living God, not on tablets of stone but on tablets of human heart.

너희는 우리로 말미암아 나타난 그리스도의 편지이니, 이는 먹으로 쓴 것이 아니오, 살아 계신 하나님의 영으로 한 것이니, 돌비에 쓴 것이 아니며, 마음에 쓴 것이니라.

고린도후서 3 : 3

Such confidence as this is ours through Christ before God. Not that we are competent in ourselves to claim anything for ourselves, but our competence comes from God. He has made us competent as ministers of a new covenant- not of letter but of the spirit; for the letter kills, but the Spirit gives life.

우리가 그리스도를 통하여 하나님에 대한 이 같은 확신이 있으니 우리의 능력은 우리 자신에게서 나오는 것이 아니고 하나님으로 부터 얻어진다. 하나님은 우리를 새 언약의 일꾼이 되게 하셨으니 이 언약은 문자로 된 것이 아니고 영으로 된 것이다; 문자는 죽이고 영은 생명을 준다.

　고린도후서 3 : 4-6

My message and my preaching were not with wise and persuasive words, but with a demonstration of the Spirit's power, so that your faith might not rest on men's wisdom, but on God's power.

　내 말과 가르침은 지혜나 설득의 말이 아니고, 생명의 힘의 존재를 들어내 보이는 것이니, 너희는 이제 사람의 지혜가 아닌 하나님의 능력을 믿어야 한다.

　고린도전서 : 2 ; 4-5

Not until halfway through the Feast did Jesus go up to the temple court and begin to teach. The Jews were amazed and asked, "How did this man get such learning without having studied?" Jesus answered, "My teaching is not my own. It cames from him who send me. If anyone chooses to do God's will, he will find out whether my teaching comes from God or whether I speak on my own."

이미 명절의 중간이 되어 예수께서 성전에 올라 가르치시니 유대인들이 놀라며 질문하였다, "학교공부도 안 한 사람이 어떻게 저런 배움을 예기할 수 있는지?" 예수께서 대답하셨다, "나의 가르침은 내 것이 아니고, 나를 보내신 이의 것이며, 사람이 하나님의 뜻을 따르면, 나의 가르침이 하나님으로 부터 왔는지 내가 내 것을 가르치는 것인지 알 수 있느니라,"

요한복음 : 7 ; 14-17

Now the Lord is the Spirit, and where the Spirit of the Lord is, there is freedom.

주는 영이시니, 주의 영이 계신 곳에는 자유가 있다.

고린도후서 3 : 17

호흡을 주셨다는 말은 공기를 만들어 주셨다는 말이다. 공기 중에는 질소, 산소, 수소, 분자, 양자, 중성자, 원자, 소립자 등등의 수많은 에너지원들이 존재하며 조화를 이루어, 결합과 분리 운동을 일으키며 움직이고 있다.

모든 생명체들은 이 공기를 호흡하며 살아 움직인다. 이 생명력은 몸을 순환하며 생물학적, 화학적 반응을 일으키며 세포가 살아 움직인다.

이 대기권은 어떻게 만들어지고 있는가?

지구는 하늘의 에너지 안에 존재한다. 에너지 운동으로 지구를 순환하며 반응을 일으켜 산소가 생겨나며, 수소와 결합 되어 물(H_2O)이 생겨난다.

물에서 생명체가 생겨나며, 공기와 불, 물이 모든 생명체가 살아 움직이는 생명력이며, 만물을 키우는 원동력이다.

태양은 수소와 헬륨이 융합반응을 일으켜 빛을 발산한다. 지구는 자전과 태양 주변을 공전한다. 이 과정에서 지구의 겉모습이 바뀐다. 땅에서는 씨앗이 생기고 자라며, 잎이 자라며, 꽃이 피고 열매를 맺는다. 모든 생명체들이 살아 활기차게 움직인다. 꽃이 지고, 잎이 떨어지며, 하루와 일 년이라는 시간이 흐른다. 밤과 낮이 바뀌며, 계절도 바뀌고 세월이 간다.

우리의 모습도 변한다.

그러나 하늘의 에너지 운동은 변하지 않고 다시 꽃을 피어나게 한다. 하늘의 에너지 운동 안에는 시간과 숫자의 개념이 함께 존재한다.

우리는 이 기준에 따라 시계와 달력을 만들어 사용하고 있다.

수소와 원자가 결합 되어 기억 소자가 만들어져 기억에 따라 정확하게 운동을 일으키며 자연에 생명력을 공급한다.

2006년 국내 천문과학자가 세계최초로 블랙홀의 주변 운동에너지가 별나라들을 생겨나게 한다고 발표하였다. 에너지 운동은 열을 만들며 가스가 발생 되며, 인력을 일으켜 주변 먼지들이 모이게 하여, 땅이 형성되며, 땅속을 순환하며 반응을 일으켜 산소가 생겨나며 물이 생겨난다. 만물은 각각의 자성대로 존재하며, 모든 생명체는 각자의 개성과 재능을 가지고 하늘의 생명력 안에 함께 존재하며 하늘의 힘을 사용하여 생각하고, 말하고, 몸을 움직인다.

내가 생각하면 에너지 파장이 일어난다. 이 파장은 내가 일으키는 에너지 운동이다.

그렇다면 하늘의 에너지 운동은 누가 일으키는가. 누가 블랙홀을 만들어 땅이 생겨나게 하며, 태양을 순환하며 빛을 발하게 하며, 지구와 달이 자전하며, 태양을 공전하게 하여 만물이 생겨나게 하며, 내 몸을 순환하며 내가 살아 움직이게 하는 이 생명의 힘의 원동력이 어디에서 오고 있는가.

지구와 달과 태양, 수많은 별나라 들과 그 안에서 생명력을 뿜내며 살아있는 만물과 모든 생명체들을 자연이라 한다. 이 자연의 리듬은 하늘의 에너지 운동의 리듬과 하나로 연결되어있다. 자연은 하늘의 에너지 운동 안에서 생겨나 하늘의 힘으로 살아있기 때문이다.

블랙홀의 움직임, 지구의 자전과 태양 주변을 공전하는 방향이 모두 시계 반대 방향이며, 이 과정에서 나무를 키운 흔적으로 나타난 나이테도 시계 반대 방향이다.

지구를 공전하는 달의 인력의 차이에 따라 여성이 생리 반응을 일으킨다. 아침과 오후의 혈압이 다르게 나타난다. 계절이 바뀔 때마다 지병이 재발 된다.

긴가? 민가? 또라이 같은 예기라고?
학문이나 이론의 틀 안에서는 하늘을 볼 수 없다 이제 마음의 문을 열고, 눈과 귀를 집중하여 보자.
이 하늘의 에너지가 없어졌다고 가정해 볼까요.

세상이 칠흑 같은 암흑으로 변한다.
수소와 헬륨이 없어지니 핵융합반응이 멈추어져, 햇빛이 사라지기 때문이다.
수소와 산소가 없으니, 물이 마르고 땅은 폐허가 되어버린다. 녹색으로 싱싱하던 만물이 호흡을 멈추고 말라 버린다.
자동차 시동도 안 걸린다. 산소가 공급이 안되니 스파크가 일어나지 못한다. 모든 별나라 들이 문어 저 내려, 사라져 버릴 것이며, 시간도 멈추며, 모든 생명체들이 숨을 거둘 것이다.

보이지도 않고, 언제 어디에서나 공짜로 얻어 쓸 수 있어, 아무 가치도 없는 것처럼 느껴 지지만, 천하에서 제일 소중한 것이 이 하늘이다.
하늘이 살아 계시니 자연이 존재하고, 내가 살아있다. 이분의 이름을 지어드린다면, 살아계시는 무한대의 에너지이시니, 무한능력의 에너지 생명체라고 할 수 있다. 희 로 애 락의 감정도

갖고 계신다.

자연과 내가 하늘의 품 안에서 함께 살고 있다는 것을 깨달았을 때 나는 자유를 느낄 수 있다.

모든 학문이 여기에서 나왔으며, 무한한 능력과 지혜가 숨어 있으니 과학자들의 미래 과제가 여기에 있다.

19세기 초반부터 아인슈타인의 상대성이론과 양자물리학이 이 에너지의 운동과 그 특징, 결합 분리와 상호반응을 규명하고 있으며, 특히 양자역학은 우리 마음의 존재를 에너지체 임을 규명하기에 이르렀다.

이는 우리 마음도 하늘의 에너지를 받아 태어났다는 것을 밝혀낸 것이다.

진리란 영원히 변하지 않는 사실 그 자체이며, 하나뿐이다.

아인슈타인은 상대성이론에서 등가의 법칙 $(E=mc2)$을 발표했다. 물[H2O]은 수소 단위 2 개와 산소 단위 1 개가 결합 되어 생겨났다. 물이 증발 되어 모습이 없어져도 수소와 산소는 그대로 존재한다.

이처럼 우주 만물은 에너지 운동으로 에너지결합과 반응으로 모습을 나타낸다. 만물의 모습이 바뀌고, 없어져도 에너지 운동은 변하지 않는다.

성경은 이 에너지 세계를 말씀이라 하였고, 그 움직임을 뜻이라 표현하였으며, 우주의 절대자는 이 한 분이라는 뜻으로 하나님이라 하였다. 하나님의 마음을 신성이라 표현하였으며, 이 이치를 진리라 하였다.

불경은 공이라 하였고, 불공이라 하였으며, 아미타불이라 하였고 아미타불의 마음을 여래라고 표현하였다.
이 이치를 법이라 하였다.

도덕경은 무라 하였고, 유명이라 하였으며, 곡신이라 하였다. 곡신의 마음을 현이라 표현하였고, 이 이치를 도라고 칭하였다.

하늘의 마음, 생명력

For since the creation of the world God's invisible qualities −his eternal power and divine nature−has been clearly seen, being understood from what has been made, so that men are without excuse.

창세로부터 하나님의 보이지 않는 능력과 신성은 그분이 만드신 만물에 분명히 보여, 알 수 있으니 다른 핑계를 댈 수 없다.

로마서 : 1 ; 20

For I am convinced that neither death or life, neither angels nor demons, neither the present nor the future, nor any powers, neither height nor depth, nor anything else in all creation, will be able to separate us from the love of God that is in Christ Jesus our Lord.

내가 확신하니 삶과 죽음, 천사나 악마, 현재와 미래, 어떤 권력도, 높은 지위나 낮은 지위나, 창조물 중 그 어떤 것도 예수

그리스도 안에 있는 하나님의 사랑과 끊을 수 없다.

로마서 : 8 ; 38-39

He causes his sun to rise on the evil and the good,
and sends rain on the righteous and the unrighteous.

하나님은 그 해를 악인과 선인에게 비취게 하시며, 의로운 자
와 불의한 자에게도 비를 내리시게 하신다.   마대복음 : 5 ; 45

When you give to the needy, do not let your left
hand know what your right hand is doing, so that
your giving may be in secret. Then your Father, who
see what is done in secret, will reward you.

너는 구제할 때에 오른손이 하는 것을 왼손이 모르게 하라,
너의 구제함을 은밀하게 하라. 그리하면 은밀한 것을 보신 아버
지께서 갚으시리라.

마태복음 : 6 ; 3-4

As a prisoner for the Lord, I urge you to live a life
worthy of the calling you have received. Be completely
humble and gentle; be patient, bearing with one
another in love. Make every effort to keep the unity of
the Spirit through bond of peace. There is one body
and one spirit ㅡ just as you were called to hope when

you were called — one Lord, one faith one baptism; one God and father of all, who is over all and through all and in all.

주의 품 안에 있는 너희에게 권하니 너희가 받은 부르심에 합당한 삶을 살도록 하라. 겸손하고 온유하며 오래 참으므로 사랑으로 하나가 되게 하라. 주님의 생명력의 사랑의 띠 안에서 하나가 될 수 있게 최선의 노력을 다하라. 너희는 부르심을 받았을 때 몸도 하나요 마음도 하나이니, 주님도 하나요 믿음도 하나이며 예배도 하나이다; 우주 만물의 아버지이신 하나님도 하나이시다. 하나님은 우주 만물을 안고 계시고, 관통하고 계시며, 그 안에 계신다.

에베소서 : 4 ; 1-6

Love is patient, love is kind. It dose not envy, it dose not boast, it is not proud. It is not rude, it is not self-seeking, it is not easily angered, it keep no record of wrong. Love dose not delight in evil but rejoice with the truth. It always protects, always trusts, always hopes, always perseveres.

사랑은 오래 참고, 온유하며, 시기하지 않고, 교만하지 않으며, 무례하지 않으며, 이기적이지 않고, 화를 잘 내지 않으며 악한 것을 생각하지 않는다. 불의를 기뻐하지 않으며 진리와 함께 기뻐하고 모든 것을 참으며, 항상 믿음과 희망으로 견디는 것이다.

고린도전서 : 13 : 4-7

If I speak in the tongues of men and of angels, but have not love, I am only a resounding gong or a clanging cymbals. If I have the gift of prophecy and can fathom all mysteries and all knowledge, and if I have a faith that can move mountains, but have not love, I am nothing. If I give all I possess to the poor and surrender my body to the flames, but have not love I gain nothing.

내가 사람의 방언과 천사의 말을 하더라도 사랑이 없으면, 소리 나는 징이나 울리는 꽹과리일 뿐이다. 내가 예언하는 은사를 받아 모든 비밀을 알고 모든 지식을 알며, 태산을 옮길 수 있는 믿음이 있을지라도 사랑이 없으면, 나는 아무것도 아니다. 내가 내게 있는 모든것을 가난한 이웃에 주고 내 몸을 불사르게 내어 줄지라도 사랑이 없으면 아무것도 얻을 것이 없다.

고린도전서 : 13 ; 1-3

구글 창에서 검색어를 말로 하면 검색창이 뜬다. 이는 말에서 나오는 에너지 파장과 그 의미를 센서가 읽고 검색창을 뜨게 한 것이다.

말은 마음에서 나온 것이니, 생각만 해도 에너지 파장이 일어난다는 뜻이다. 내가 생각해서 에너지 파장이 일어난 결과 나타난 것은 내 생각이오, 하늘의 에너지 운동으로 생겨난 것이 자연이면, 자연을 있는 그대로 보면 하늘의 마음, 즉 신성 (divine nature)을 알 수 있다.

지구와 달, 태양과 모든 별나라 들이 하늘의 힘 안에 일정한 간격으로 정확하게 움직인다. 기억에 따라 이들 내부를 순환하며, 태양에서는 자외선, 알파선 등의 빛을, 땅에서는 질소, 산소 등등의 생명력을 만들어, 생명체가 생겨나게 하며, 만물이 이 생명력으로 살아 움직이니 자연은 하늘의 에너지 운동 안에 하나로 존재한다.

어느 한 별이라도 그 원래의 궤도를 이탈한다면, 모든 생명체들이 정신 이상자가 되어버릴 것이다. 우주 공간의 힘의 균형이 깨어지며, 그 파장이 정신을 파괴하기 때문이다. 모두 미쳐 버린다. 하늘의 마음은 변하지 않는다.

만물의 자성과 모습은 각각 다르나, 서로 다른 재능을 주고, 받으며 의지하며 하나의 세계를 이룬다. 우리의 눈에는 보잘것 없는 잡초 한뿌리가 땅을 잡아서 큰 나무가 거기에 서 있게 하는 존재의 가치가 있다. 하늘의 마음은 만물을 받아드리고 버리지 않는다.

전체 생태계의 보존을 위해 자기 몸을 내어주는 먹이사슬을 형성하며, 물은 만물의 밑바닥에서 만물이 살아있게 하고 키워주며, 자기를 아낌없이 내어준다.

하늘의 사랑은 숨어서 아낌없이 주며 대가를 바라지 않는다.

우리 신체 내부의 각 기관 들은 그 모습과 살아 움직이는 리듬이 다르나 각자가 다른 기관들에 활력을 주고, 받으므로 전체가 조화를 이루도록 생체리듬을 유지하고 있다.

우리 사회의 구성은 각자가 다른 재능을 서로 주고, 받으며, 상대의 재능을 존중하므로 나의 재능이 빛을 발한다. 이 하늘의 사랑은 모두의 약점을 보완해주는 신비한 힘을 발휘한다. 지혜와 힘이 숨어있기 때문이다.

100만 원이 급히 필요할 때, 누가 흔쾌히 주면서, 이자는 무슨 이자, 갚는 것은 형편이 좋아지면 그때 예기하자며, 따뜻한 위로의 말을 건네는 사람이 있는가 하면, 생색을 내며 이자 따지고 문서를 작성하자며, 기한 내에 갚지 않으면 어떻게 한다고 협박까지 하며, 내가 도와주지 않았다면 어떻게 되었겠느냐 하며 똥폼까지 잡는 사람이 있다면, 여러분 마음이 어떻게 반응하겠는지요?

하늘의 움직임은 사랑이다. 이 사랑의 마음 안에서 자연이 생겨나며 자연을 순환하며 각종 에너지들이 서로 반응을 일으키며 또 다른 생명의 힘이 생성된다. 우리의 마음도 하늘의 마음 안에서 리듬을 같이 할 때 바른 마음을 유지할 수 있으며, 하늘의 지혜와 힘을 얻어 쓸 수 있다.

마음에서 우러나오는 따뜻한 말 한마디가 이웃의 마음에 힘을 전달하여 용기를 얻게 한다. 하늘의 힘을 들어 사용했기 때문이다.

이웃이 좋아하면 하늘도 기뻐하시고 나도 힘이 난다. 하늘의 생명의 힘을 주고받기 때문이다.

나의 탄생의 비밀

Don't you know that you yourselves are God's temple and that God's spirit lives in you? If anyone destroys God's temple, God will destroy him; for God's temple is sacred, and you are that temple.

너희가 하나님의 성전이요 너희 안에 하나님의 생명력이 살아 있다는 것을 모르느냐? 누구든지 하나님의 성전을 더럽히면, 하나님이 그를 멸하시리라, 하나님의 성전은 거룩하고 너희도 거룩하기 때문이다.

고린도전서 : 3 ; 16-17

He was in the world, and though the world was made through him, the world did not recognize him. He came to that which was his own, but his own did not receive him. Yet to all who received him, to those who believed in his name, he gave the right to become children of God ― children born not of natural descent, not of human decision or a husband's will, but born of God.

그가 세상에 계셨으니, 세상이 그분으로 말미암아 만들어졌으나 세상은 그분을 알지 못한다. 그분을 받아 드리고 그분의 이름을 믿기만 하면 그 사람은 하나님의 자식이 될 자격이 있다 - 사람은 혈통이나 사람의 결정 혹은 남편의 의지에 의하여 태어난 것이 아니고, 하나님으로 부터 태어난 것이다.

요한복음 : 1 ; 10-13

My message and my preaching were not with wise and persuasive words, but with a demonstration of the Spirit's power, so that your faith might not rest on men's wisdom, but on God's power.

내가 전하는 말은 지혜로 설득하는 말이 아니고, 하늘의 생명력의 존재를 밝히는 것이니, 이제 너희의 믿음을 사람의 지혜에 두지 말고 하나님의 능력에 두어야 할 것이다.

고린도전서 : 2 ; 4-5

The word of God is living and active, Sharper than any double-edged sward, it penetrates even to dividing soul and spirit, joints and marrow; it judges the thoughts and attitudes of the heart.

하나님의 말씀은 살아 있고, 움직인다. 양날의 칼보다 더 예리하여 혼과 영을 갈라놓으며, 골수까지 침투한다. 생각과 마음의 상태까지 관찰한다.

히브리서 : 4 ; 12

There is nothing hidden that will not be disclosed, and nothing concealed that will not be known or brought out into the open.

숨은 것이 장차 드러나지 아니할 것이 없고, 감추어진 것이 알려지고 나타나지 않을 것이 없느니라.

누가복음 : 8 ; 17

As the body without the spirit is dead, so faith without deeds is dead.

영혼 없는 몸이 죽은 것같이, 행함 없는 믿음은 죽은 것이니라.

야고보서 : 2 ; 26

The first man was of the dust of the earth, the second man from heaven.

첫 사람은 땅에서 났으니 흙에 속한 사람이나, 둘째 사람은 하늘에서 났느니라.

고린도전서 : 15 ; 47

어머니 뱃속에서 정자와 난자가 만나, 어머니가 드신 하늘이 지어주신 음식물이 분해되어 살과 뼈를 이루고, 신체 각 부위가 형성되며 하늘의 힘이 순환하므로 내가 살아 움직인다. 하늘의 힘을 들어 쓰며, 몸을 움직이는 내 마음이 바로 나이다. 정수리를 통하여 하늘의 힘을 받아 발길질하는 것을 어머니가 아신다.

내 몸은 물질로 구성되어 있지만, 몸을 움직이는 내 마음은 보이지 않으나 존재하며 살아있다. 내 몸이 내가 아니고, 내 몸을 움직이는 내 마음이 바로 나이다.

어머니의 심장 박동 소리를 들으며, 숨결을 느낄 때, 나는 하늘의 기운 안에 있다는 것을 알 수 있다. 하늘의 에너지 운동과 내 마음의 움직임, 내 몸믜 생체리듬이 일치했을 때, 행복 호르몬이 생성되며 나만의 행복을 느낀다. 내면의 기운이 충만하다. 남녀의 성교를 모르나 고추는 발기한다.

하늘의 기운을 느끼고 있는 나는 누구인가.
보이지 않으나 존재하며, 끊임없이 움직이는 나는 기억도 하고, 기억을 되살려내기도 하며 좋고 싫은 감정도 일으킨다. 하늘의 에너지 운동과 그 모습이 같다. 내 마음은 하늘의 에너지를 받아 태어나, 하늘의 힘을 들어 사용하며 살아있는 에너지 생명체라고 할 수 있다. 모든 사람은 하늘의 아들로 태어났으며 평등하다. 하늘이 영원히 존재하니 내 마음도 영원히 존재한다.

내 마음이 중성자로 구성되어 있다는 설이 있으나 과학적으로 증명되지는 않았다. 다만 내 생각이 에너지 파장을 일으켜 이웃의 몸을 관통하여, 그분의 마음에까지 전달된다는 사실로 미루어 볼 때 설득력이 있다.

내 마음과 몸이 결합 되어 하나의 인격체가 형성되나, 나의 주체는 내 마음이다. 몸 전체를 순환하는 신경 회로와 연결되어 있는가 하면, 하늘로 뻗어 힘과 지혜를 얻어 쓸 수 있는 능력을 소유하고 있다.

하늘의 에너지 움직임의 뜻을 읽어 낼 수 있는 초고성능의 센서를 가지고 있다.

몸에만 집착하면, 하늘과는 거리가 멀어지며, 내 몸이 나 자신인 것으로 착각하게 된다. 내 마음이 하늘을 잡고 있을 때 강해지며, 몸의 생체 리듬도 바로 서게 된다. 각자의 자유의지와 선택의 문제이다.

마음의 본질과 속성

1. 마음의 본질

Be perfect, therefore, as our heavenly father is perfect.

하늘에 계신 너희 아버지의 온전 하심과 같이 너희도 온전하라.

마태복음 : 5 ; 48

Now to each one the manifestation of the Spirit is given for the common good. To one there is given through the Spirit the message of wisdom, to another the message of knowledge by means of the same Spirit, to another faith by same Spirit, to another gifts of healing by that one Spirit to another miraculous powers, to another prophecy, to another distinguishing between spirits, to another speaking in different kinds of tongues, and still to another the interpretation of tongues. "All these are the work of one and the same Spirit and he gives them to each one, just as he determines.

각 사람에게 생명력의 나타나심을 주심은 유익하게 하려 하심이라. 어떤 이 에게는 지혜를, 어떤 이에게는 지식을, 다른 이 에게는 믿음을, 어떤 이 에게는 병 고치는 은사를, 다른 이 에게는 능력 행함을, 어떤 이 에게는 예언함을, 어떤 이 에게는 영들 분별함을, 다른 이 에게는 각종 방언 말함을, 어떤 이 에게는 방언 통역함을 주시니, 이 모든 일은 하늘의 생명력에서 비롯된 것이니, 하늘이 그 뜻에 따라 나눠 주시느니라.

고린도전서 : 12 ; 7-11

The eye is the lamp of the body. If your eyes are good, your whole body will be full of light. But if your eyes are bad, your whole body will be full of darkness. If then the light within you is darkness, how great is that darkness.

눈은 몸의 등불이다. 네 눈이 성하면 온몸이 밝을 것이나, 눈이 나쁘면 온몸이 어두울 것이다. 네 몸 안에 있는 빛이 어두우면, 그 어두움이 얼마나 크겠는가.

마태복음 : 6 ; 22-23

우리 마음은 하늘의 생명력을 받아 태어났으니, 하늘의 사랑을 그대로 물려받았다. 태어날 때부터 선하다. 어떻게 그렇게 단정할 수 있냐고?

개똥철학 안에서는 하늘도, 마음도 볼 수 없다.

아프리카의 어린아이들이 먹지 못하여 죽어가는 모습을 보고 우리 마음이 어떻게 움직이는가? 모두가 애처로움을 느낀다. 이는 무엇을 의미하는가?

하늘로부터 물려받은 이 선한 마음을 양심이라 한다.

사람의 마음은 크다. 하늘의 소우주를 담을 수 있으며, 항상 깨어 있어 내면에 힘이 넘치고, 하늘의 힘과 지혜를 들어 쓸 수 있는 능력이 있다. 컴퓨터 10대가 저장할 수 있는 기억력을 갖고 있다. 내가 무슨 생각을 하고 있다는 것을 알아차리는 높은 차원의 의식세계도 갖고 있다.

선과 악, 좋고 싫음을 다 안고 있어도 갈등 하지 않으며, 긍정적이며, 교만하지 않으며, 매사를 이웃과 함께하는 배려와 정성이 넘친다.

사랑의 마음은 하늘의 리듬과 하나로 연결되어있는 몸의 생체리듬과 함께 움직이니, 몸을 순환하고 있는 하늘의 생명력과 몸이 긍정적 반응을 일으켜 세로토닌 등의 행복 호르몬이 생성되어, 마음과 몸이 모두 건강하게 된다. 행복의 진정한 가치가 여기에 있다.

피부색이 다르고, 모습이 각 각이나, 모두가 자기만의 재능을
갖고 있다.

서로의 재능을 주고받으며, 나의 약점을 보완, 고쳐 나가도록
하늘이 만드셨으니, 선의의 경쟁과 노력으로 창의력이 개발되고,
고차원의 문명과 과학기술을 누릴 수 있다. 여기가 천국이다.

2. 마음의 속성

No one can serve two masters. Either he will hate
the one and love the other, or he will be devoted to
the one and despise the other. You can not serve both
God and Money.

한 사람이 두 주인을 섬기지 못한다. 한쪽을 미워하며 다른쪽
을 사랑하거나, 혹은 한쪽에 헌신하며 다를 쪽을 경시하게 될
것이다. 너희는 하나님과 돈을 동시에 섬길 수 없다.

마태복음 : 6 : 24

But each one is tempted when, by his own evil
desire, he is dragged away and enticed. Then, after
desire has conceived, it gives birth to sin, and sin,
when it is full-grown, gives birth to death.

오직 한 사람이 시험을 받는 것은, 자기 욕심에 끌려 미혹됨

이니. 욕심이 잉태하면 죄를 낳고, 죄가 자라면 사망을 낳는다.

야고보서 : 1 ; 14-15

For what I do is not good I want to do, the evil I do
not want to do ― this I keep on doing. Now if I do
what I do not want to do, it is no longer I who do it,
but it is sin living in me that does it.

내가 원하는 선은 행하지 않고, 원하지 않는 악을 계속 행
한다. 만일 내가 원하지 않는 것을 하면, 이는 행하는 자가 내가
아니요, 내 안에 있는 죄가 행하는 것이다.

로마서 : 7 ; 19-20

So I find this law at work: When l want to do good,
evil is right there with me. ― For in my inner being I
delight in God's law; ― but I see another law at work
in the members of my body, waging war against the
law of my mind and making me a prisoner of the law
of sin at work within my members.

그러므로 이 한 법을 깨달았으니, 내가 선을 행하려 할 때 악
이 함께 있다는 것이다. 나의 내면에 있는 하나님의 법을 기뻐
하나 한편으로 또 다른 법이 내 마음에 갈등을 일으키며 죄의
법 아래로 나를 가두려 하는 것을 보았도다.

로마서 : 7 ; 21-23

What a wretched man I am! Who will rescue me from this body of death? Thanks be to God — through Jesus Christ our Lord! So then, I myself in my mind am a slave to God's law, but in the sinful nature a slave to the of sin.

아! 나는 비참한 사람이다. 누가 이 사망의 몸에서 나를 구해 주겠나?

주 예수그리스도를 통하여 하나님께 감사하리라! 그런즉 나 자신이 마음으로는 하나님의 법을, 육신으로는 죄의 법을 섬기 노라.

로마서 : 7 ; 24-25

Those who live according to the sinful nature have their minds set on what that nature desire; but those who live in accordance with the Spirit have their minds set on what the Spirit desire. The mind of sinful man is death, but the mind controlled by the Spirit is life and peace.

몸의 욕구에 끌려다니는 사람은 마음이 그 욕망에 머물러 있고, 생명력을 추구하는 사람은 생명력에 머물러 있으니, 육신의 생각은 사망이요, 생명력을 보전하면 생명과 평화가 있다.

로마서 : 8 ; 5-6

You, however, are controlled not by the sinful nature but by the Spirit, if the Spirit of God lives in you.

And if anyone does not have the Spirit of Christ, he dose not belong to Christ. But if Christ is in you, your body is dead because of sin, yet your spirit is alive because of righteousness.

만약 너희 안에 하나님의 생명력이 있다면, 몸의 욕구를 자제하여 지켜야 한다. 그리스도가 주신 생명력이 없어지면, 그리스도의 사람이 아니다. 그리스도가 너희 안에 계시면 몸이 죽어 없어져도 정신은 의로운 것이니 살아 있다.

로마서 ; 8 ; 9-10

Therefore, brothers, we have an obligation — but it is not to the sinful nature, to live according to it. For if you live according to the sinful nature, you will die; but if by the spirit you put to death the misdeeds of the body, you will live, because those who are led by the Spirit of God are sons of God.

그러므로 형제들아, 우리는 하나의 의무가 있다. 육신에 따라 살지 말아야 한다. 육신에 따라 살면 죽을 것이다, 몸을 따라 다니는 잘못된 행실을 죽이고 영을 지키면 살 것이다, 하나님의 생명력으로 인도된 사람은 하나님의 아들이기 때문이다.

로마서 : 8 ; 12-14

But mark this: There will be terrible times in the last days. People will be lovers of themselves, lovers of money, boastful, proud, abusive, disobedient to their parents, ungrateful, unholy, without love, unforgiving, slanderous, without self-control, brutal, not lovers of good, treacherous, rash, conceited, lovers of pleasure rather than lovers of God - having a form of godliness but denying its power. Have nothing to do with them.

네가 이것을 알라, 말세에 고통의 때가 올 것이니, 사람들은 자기만을 사랑하며, 돈만 알고, 자기만을 내 세우며, 교만하며, 남을 학대하며, 부모를 거역하며, 감사 할 줄 모르며, 거룩하지 못하며, 사랑이 없으며, 용서할 줄 모르며, 남을 비방하며, 자제 할 줄 모르며, 잔인하며, 선한 것을 좋아하지 않으며, 배반하며, 조급하며, 자기만이 제일이며, 하나님 사랑보다 쾌락을 더 사랑하며, 겉으로는 경건하게 보이나 경건의 능력을 부인한다.

이 같은 자들과는 아무것도 할 것이 없다.

디모데후서 : 3 ; 1-5

The acts of sinful nature are obvious: sexual immorality, impurity and debauchery; idolatry and witchcraft; hatred, discord, jealousy, fits of rage, selfish ambition, dissensions, factions and envy; drunkenness, orgies, and the like. I warn you, as I did before, that those who live like this will not inherit the kingdom of God.

육체의 길은 분명하다: 음행과 더러운 것, 방탕; 우상숭배와 술수; 증오, 분쟁 질투, 분노, 이기적 야망, 분열, 편 가르기, 시기; 술에 취하고, 흥청망청 사는 것이다. 전에도 경고했지만, 이러한 삶을 사는 사람들은 하나님 나라의 유업을 받지 못한다.

갈라디아서 : 5 ; 19-21

우리 몸 전체에 뻗어있는 신경회로를 통하여 정보가 들어온다. 눈 귀 코 입 촉감의 5가지 감각기관으로부터 전달되는 정보에 의해

배가 고프면 음식을 먹고 싶은 식욕

사춘기가 지나며 이성을 찾는 성욕

가정을 꾸려 가면서 필요한 돈과 권력의 욕구가 생기며, 마음이 쏠린다.

우리 마음은 이 정보들을 좋고 싫음을 분별하여 기억 저장한다. 새로운 것, 더 좋은 것을, 더 많이 원한다. 삶의 기쁨으로 누리며 그 선에서 만족하지 못하고, 욕심의 보따리를 키워, 계속 채워 가기를 원한다.

이웃과 충돌이 생긴다. 돈과 권력의 욕구가 가장 강하게 된다.

부자지간, 형제들 사이에서 칼부림이 일어난다.

욕심으로 어두워진 마음은 자기 자신 이외의 그 어떤 것도 보지 못한다. 하늘도 땅도 이웃도 가족도 보이지 않는다.

아프리카의 기아선상의 어린아이들이 애처롭지만 그들을 돕기 위한 성금 2만원은 안 낸다. 이런 글을 쓰는 나도 안 낸다.
물질의 욕망만을 따라다니면 마음은 어두워진다. 하늘로부터 받은 밝고 큰마음이 작아지며, 사랑의 마음이 힘을 발휘하지 못한다. 하늘을 외면하고 아버지의 품을 떠나버렸기 때문이다.

마음의 귀가 있어도 듣지 못하고, 눈이 있어도 보지 못하는 당달봉사가 되어버린다. 영감이 눈에 보이는 현상에만 쏠려, 하늘을 보지 못하고, 내 마음이 있는지 없는지도 모르게 된다.
길을 잃어버린 내 마음은 내 몸이 나라고 착각하며, 몸이 요구하는 물질만을 욕심내며, 이 욕망을 채우는 것이 행복이라 생각하며, 돈이 많은 사람은 더 벌기 위해, 없는 사람들은 먹고살기 위해 발버둥을 친다. 남의 것도 빼앗으려 한다.

이러한 마음의 행로는 자기만 생각하는 이기적, 남을 깔보며 자기가 최고라는 교만, 이웃과 비교하며 시기 질투 등등으로 바뀌며, 욕구를 채우지 못하면 실망, 좌절, 복수심 등의 부정적 생각이 내면에 자리 잡게 된다. 하늘로부터 받은 한정된 힘을 크게 소모하게 되며, 거칠고 강한 기운 즉 스트레스가 생체리듬을 교란 시키며 부정적 호르몬이 생겨나게 한다. 정신과 몸에 병을 스스로 불러온다.

돈이 있어도, 가난해도 마음은 허전하다. 술과 마약으로 위로한다. 정신은 더욱더 파괴된다.

하늘의 생명선을 잡고 큰 힘과 지혜를 발휘해야 할 인격체가 스스로 생명선을 외면하고, 만병의 원인인 스트레스를 일으키니 사망의 길로 들어선 것이다. 충전은 안 하고 힘을 쓰기만 하니 정신력이 약해지고, 몸에 질병이 찾아오니 공포와 절망으로 마음은 더욱 어두워진다. 정신도 몸도 병들어 간다.

가치의 기준은 겉모양, 학벌과 돈, 사회적 지위에 두고 있으니 장소와 시간의 변화에 따라 바뀐다. 뿌리가 없는 나무는 비바람에 뽑힌다. 마음이 자주 바뀐다. 혼란의 연속이다.

진리를 모르니 진실과 거짓을 구별하지 못한다. 자기중심적 사고로 매사를 판단하여 선과 악도 분별하지 못하는 멍청이가 되어버린다.

학문과 직업은 자기 재능을 무시하고 돈을 벌기 위한 수단으로 전락시켜, 발전과 창의력을 발휘하지 못한다. 삶의 가치를 모르니 행복을 느낄 수가 없다.

　인성은 가르치지 않고 공부 열심히 해서 좋은 학교에 가서 출세하여 돈만 벌면 된다고 가르쳤으니, 커서 부모 가슴에 대못을 박는다.

　마음에도 없는 말로 상대의 환심을 사며 자기 욕심만 챙기니, 배신과 복수심만 오고 가며, 사랑은 받는 것은 좋아하지만 베풀 줄은 모른다.
　오직 대가를 바라는 이기적인 배려만 난무한다.

　떳떳해야 할 하늘의 아들이 상대방의 약점을 공격하며 칼을 휘두른다. 약점을 만들어 뒤집어씌우며 물고 늘어진다. 싸가지 없는 말 한마디가 이웃의 마음에 상처를 내며, 내 몸에도 칼 질을 한다는 것을 모른다.
　생명의 힘을 흉기로 바꾸어 사용하니, 너 죽이고 나도 죽자는 막가파식이다.

　산소호흡기를 달고 응급실을 들락거리며, 이생을 마감할 때까지 누구의 힘으로 살아왔는지 모른다. 몸도 정신도 모두 죽어 간다.
　어머니가 임종하실 때 내 손을 잡고 세상 모든 것이 헛된 것이었다고 하신 말씀이 생각난다.

병을 알면 고칠 수 있는 처방이 나온다.

우리가 사망의 길로 가고 있다는 것을 알면, 돌아갈 길이 보인다.

하늘의 마음이 자연을 만들었으니, 자연을 존재 그대로 보면 하늘의 마음을 알 수 있듯이, 이 지구에 사는 사람들의 마음은 우리의 역사와 오늘날 사회 현상을 사실 그대로 보면 우리의 생각의 수준을 알 수 있다.

우리 의식의 현주소

2500년전 노자는 당시 사람들의 의식의 수준을 도덕경에 이렇게 기록하였다.

정부는 썩었고, 사람들의 마음은 황폐하다.

사람들이 마음은 황폐한데, 좋은 옷만 입고 다닌다.

서로에게 마음에 상처를 내며, 음식을 싫도록 먹는다.

재물은 남아도, 남에게 주지 않는다.

오늘날 우리의 생각과 무엇이 다른가?

고도의 과학 문명을 누리며 비행기를 타고 다니며, 좋은 차를 몰고, 초고속 인터넷을 이용하며, 스마트폰을 들고 다녀도 그때나 지금이나 사람들의 마음은 변한 것이 없다.

하늘의 마음과는 거리가 멀다.

1. 패권 전쟁

그때나 지금이나 자기 나라의 구역을 확장하기 위해 전쟁을 일으키고 있다. 공격하면, 방어를 해야 하니, 사람들을 모두 전쟁터로 몰아넣는다.

자원을 더 많이 확보하기 위해 이웃 나라를 침략한다. 무력으로 그 나라의 문명을 파괴한다.

돈으로 권력을 움직이는 그림자 정부가 있는가 하면. 돈으로 전 세계를 손아귀에 넣고 있는 조직이 있다. 돈으로 이 땅을 지배하고 있다.

돈과 권력은 일부 세력에 편중되어 그들만의 사치이며, 국민들을 보지 못한다.

지구 한쪽은 영양실조이며, 다른 한편은 영양 과다이다.

첨단 과학기술로 최첨단 무기를 제조하고 있다. 지구 전체를 단숨에 날려 버릴 수 있는 핵을 만들어 으르렁거리고 있다.
누구를 위하여 전쟁준비를 하고 있는가?

지상과 지하에서 끊임없는 핵실험으로 오존층(O_3)이 파괴되어 온난화 현상을 초래하여, 생태계 파괴는 물론 삶의 터전마저 위협하고 있다.

우리는 다른 나라를 한 번도 침략하지 않았는데, 일본이 왜 우리를 합병하였는가? 일본을 탓하기 전에, 당시 왕을 비롯한 권력자들이 부패하였고 무능하여, 백성들의 정신이 황폐하였기 때문이라는 것을 우리는 알아야 할 것이다.

　자유민주주의 체재의 정부를 수립한 지도자의 근본 뜻을 이해하고 있는가? 자유민주주의의 핵심이 무었인가?

　산업을 일으켜 경제발전을 이룩한 지도자의 업적은 뒤로하고 독재자라는 딱지를 붙인다. 누가 독재를 하게 만들었는가?

　경제발전의 과실을 어떻게 사용하며, 관리하였는지, 지도자들 재산은 늘어가고 있는데 국민들은 빚만 늘어가는가. 자기 욕심에 사로 잡인 지도자는 국민의 삶의 기본욕구마저 알지 못한다.
　주택과 교육문제를 해결하지 못한 결과이다. 시장통에는 약장수 소리만 요란하다.

　민주화 투쟁으로 능력도 없는 자기들이 정권을 잡는다. 자기 자신도 모르는데, 국민을 어떻게 알겠는가?

　정부가 단속해야 할 도박장을 직접 운영하며, 국민들을 한탕주의로 몰아 패가망신시키고 있다.

나라 살림을 맡겼더니 국민들이 피와 땀으로 바친 세금을 물처럼 쓰고 있다. 도적놈들 천국이다.

집단, 지역이기주의가 판을 친다. 권력 쟁취를 위한 이간질이 만든 선물이다.

경제력이 국력이라 한다. 경제력의 주체는 국민의 정신이다. 국민의 정신을 죽이면, 국력의 뿌리를 죽이는 것이다. 나무의 뿌리를 죽이면서 과실을 따 먹겠다 하면 사기다.

규제와 제도를 만들수록 국민은 싫어한다. 국가 기구만 커진다. 세금을 많이 내야 한다. 생산은 안 되는데 감독하는 사람만 배를 채운다.

돈과 권력, 학벌이 판을 치며, 자기들끼리 쟁탈전을 벌인다. 국민들을 먹고사는데 만 매달리게 만드니, 하늘은 고사하고 이웃도 가족도 보지 못한다. 모두가 미쳐가고 있다.

2. 이념전쟁

자유민주주의 이론은 사람 개인의 인격을 존중하고, 재능을 개발하게 하여 이웃과 나누므로, 사회전체의 조화를 이루어야 하는 의무가 따른다. 이 안에서 자유를 얻을 수 있다. 하늘의 뜻과 같다. 그 실천이 문제이다.

사람 마음의 속성에 따라 돈과 권력의 쏠림현상이 나타나며, 균형이 무너지며, 갈등이 생기니 한계를 들어낸다. 정부가 이 균형을 잡아줘야 하는데, 같은 한계를 보인다.

공산주의는 자유민주주의의 한계를 극복할 수 있다는 사람이 만들어낸 이론이다. 정부 주도하에 공동으로 노력하여 돈과 권력을 평등하게 나누자는 거짓과 허구의 이론이다. 사람 마음의 속성을 모르는 소리이다.

자기 소유가 아닌데 누가 노력을 하겠으며, 경쟁도 없는데 창의력이 나올 수 있겠는가? 정부가 모든 것을 계획하고 집행하면, 국민은 따라 움직이는 기계부품에 불과하다. 하늘이 내린 능력은 쓰지 못하고 정신은 활력을 잃게 된다. 생산은 저조한데 정부가 모두 차지 하니 국민은 모두 가난하게 된다.

자유민주주의 약점을 물고 늘어지며, 부의 평등을 외치며 사람 마음의 속성을 자극하며 선동하여 편을 갈라 상대를 공격한다. 이념과 민족주의의 갈등으로 수 많은 사람들이 죽었으며 지금도 이 전쟁은 계속되고 있다.

누구를 위해 목숨을 희생하였는가?

자기 권력의 욕심을 채우기 위해 사람들을 회유하여 군대를 조직하여 전쟁을 일으키는 자는 사람의 정신과 몸을 한꺼번에 죽이는 사탄들이다. 사람의 모습을 하고 있지만 마음은 이미 사람이 아니다. 하늘이 내린 양심의 마지막 남은 불씨마저 꺼져버린 어두움의 자식이다.

하늘만이 할 수 있는 일을 자기가 하였으니 대가를 치를 것이다.

지식이 많고, 학위를 받아 외형이 화려해도, 이러한 허구의 사상을 분별하지 못한다면 머저리에 불과하다. 꼴통들이 사람 잡는다.

어리석은 장수는 무기를 함부로 쓴다. 자기 능력을 사람의 정신을 죽이는 흉기로 사용하여, 길잃은 사람들을 더욱 혼미 하게 만든다.

역사적으로 허구임이 증명 되었음에도 불구하고 이 사상을 고집하는 이유가 무었일까? 상대의 약점을 이용하여 사람들의 마음의 속성에 호소하여, 자기 권력을 쟁취하고 유지하기 위한 수단에 불과하다. 하늘의 자식이라면 해결 방안을 제시하여 국민 마음에 감동을 줄수 있어야 할 것을, 어찌하여 사람들 마음에 갈등을 조장하여 서로 싸우게 만들고 있는가? 하늘과는 거리가 먼 사람들이다.

말이 많다.

우파 좌파 중도 진보 등등....

누가 무슨 기준으로 이런 말을 만들었는지 모르겠다. 작명소나 차려서 먹고사는 것이 좋을 것 같은데, 왜 사람들의 정신을 헷갈리게 하는 짓을 하는지 모르겠다. 아니 그렇소?

3. 종교전쟁

종교(宗敎)란 우주 만물의 생성과 소멸의 이치 즉 그 뿌리를 밝혀, 알리는 것이다.

성경, 불경, 도덕경, 맹자가 하늘이 만물의 뿌리임을 글로 남겼다. 이 경전은 수 천년 전에 쓰여 졌지만, 20세기부터 과학자들이 하늘의 생명력의 존재를 증명하기 시작하므로 이 경전들이 진리라는 사실이 확인되었다.

문제는 이 경전을 학문이나 이론의 틀 안에서 보았기 때문에 서로 다른 것으로 착각하며, 갈등을 일으키기 시작하였다.

사상이 다르다, 외형과 전통이 다르며, 이론적으로 다투며 심지어 성현들의 인격을 놓고 시비를 건다.

같은 경전을 놓고 다른 종파를 만들어 다툰다. 하늘은 보지 못하니 이 말씀을 남긴 성현을 맹신하게 만든다.

사람들 마음을 강하고 밝게 키워주는 정신세계의 등불이 되어야 할 종교지도자라는 작자들이 정신을 멍들게 하고 자빠졌다.

경전을 입맛대로 해석하며, 각색하여 또 다른 경전을 만들어 사람을 홀려 외우게 하며, 따르지 않으면 지옥불에 떨어진다고 공갈까지 치며, 사람 마음을 파괴 시키는 자들이 있는가 하면, 정치 권력화하여 전쟁을 일으켜 수많은 사람의 목숨을 잃게 하였으며, 지금도 계속되고 있다. 가짜들이 판을 친다.

돈 잔치로 회당을 궁궐처럼 꾸미고, 사람들을 모이게 하여 외형만 확장하였으나 내용은 없다. 신도 숫자를 기준으로 사고, 팔기도 한다.

복을 비는 장소로 둔갑시켜, 부적을 써주고 기도를 시키며 돈을 뜯어낸다.

자기 종교를 믿지 않는 사람은 모두 귀신들이라며 편을 갈라 매도한다.

근거 없는 종말론을 퍼트리며, 사람들을 공포로 몰아 자기가 구원자라며 집단 최면에 걸리게 하는 사탄들까지 등장하여 정신을 죽이고 있다.
종교의 자유라며 방치하고 있다. 자유 같은 소리 하고 있네.

누가 이 사탄들을 물리칠 수 있겠는가?

물질과 외형에 쏠려있는 우리 마음은 항상 허전하다. 하늘을 외면하고 힘을 소비만 하였기 때문이다. 이 허전함을 달래기 위해 종교를 찾게 된다. 간절한 만큼 분별하지 못하고 쉽게 각인되어 헤어나지 못한다. 이 틈을 타서 귀신들이 나타나 홀리는 것이다.

가장 무서운 전쟁이다. 눈 뜨고 당하는 전쟁이다.

4. 인종전쟁

피부, 혈통, 민족, 남녀 구별 없이 모든 사람은 하늘의 아들이며 평등하다.

자기중심적 이기주의, 물질에 가치를 둔 저급한 우리의 생각이 이 평등을 파괴하며 만들어 낸 결과를 보자.

피부색이 다르고, 배우지 못하여 가난한 사람을 자기 돈벌이를 위해 대가 없이 일을 시키며 착취하며, 값을 매겨 사고팔며 짐승처럼 취급하였다.

권력의 지위, 가문, 혈통을 중심으로 사람을 나누어 차별하여, 천민은 재능이 뛰어나도 발휘할 기회조차 얻지 못하며, 족보를

중심으로 양반들만 세상을 지배하였다.

권력은 돈을, 돈은 권력을 따라 자기들끼리 편을 지어, 상류층을 이루고, 나머지 대부분의 사람들을 서민으로 만든다.

돈을 기준으로 사람을 평가하여 등급을 나눈다. 신분 상승을 위해 돈을 벌어야 한다는 강박 관념으로 수단과 방법을 가리지 않는다. 이 사이에 마음은 황폐하게 되어 상대에 대한 증오심이 발동한다.
증오심은 또 다른 증오를 불려온다. 갈등의 연속이다.

정신을 통째로 파괴하는 마약을 판매하며 자기가 무슨 짓을 하고 있는지도 모른다. 돈에 눈이 멀었다.

여성을 쎅스 대상물로 팔고 있는 놈들까지 등장하고 있다. 미쳐도 보통 미친 것이 아니다. 지랄 발광을 하며 미쳐가고 있다.

상대를 모함하는 것도 모자라 패거리를 지어 약점을 만들어내어, 집중적으로 공격하여 자살에 이르게 한다.
표현의 자유라 하며 능청거린다. 사람 죽이는 자유? 살다가 별놈의 거지 같은 소리 다 들어 보네. 이 쉐끼들! 니들이 사람 새끼냐?

학문은 밥 벌어먹는 수단으로 전락시켜, 하늘의 뜻 안으로 승화시키지 못하고 있다. 이거냐 저거냐, 아니면 4가지 중에서 골라 시험만 치고 버린다.

아무리 귀 기울어 들어봐도 어려워서 무슨 뜻인지 모르겠다. 장시간 들었는데 핵심이 무엇인지 모르겠다. 이런 강의 하는 사람은 자칭 지식인인 본인도 모른다는 뜻이다.

남이 갑질하는 것을 비난한다. 우리는 우리 내면에 갑질이 없는지 다시 한번 보아야 한다. 과연 상대의 직업, 돈, 가문, 외모, 학벌 등등에 평등심을 가지고 있는지?

5. 귀신과의 전쟁

우리는 이생이 끝나면 우리 마음도 없어지는가?
과학적 논리로는 우리 마음은 영원히 존재한다. 에너지 질량 불변의 법칙에 따라 하늘이 영원히 존재하듯, 에너지 생명체인 우리 마음도 없어지지 않는다. 그러나 필자는 이 사실을 몸소 체험해 보기로 작정하여, 유명한 무당을 찾아가 생전에 저와 아주 가까이 지냈던 분을 만나게 해 줄것을 부탁하였다.

저녁 8시경부터 북과 꽹과리를 치며 초혼 의식을 시작하여 다음날 새벽 1시경까지 진행하던 중 북을 치던 조수 여자분이 갑자기 발동하기 시작하더니 재단에 차려진 음식물을 환장하듯 먹기 시작하였다. 무당에게 영문을 물었더니 굶어 죽은 혼령이 저분 몸에 들어가 발동한 것이라 하였다. 조수 여자분의 몸을 빌려 혼령의 생전에 각인된 욕구를 채우려 한 것이다.

얼마후 내가 만나고자 한 그분이 무당의 몸으로 들어와 나와 대화 하기 시작하였다. 비록 무당의 몸을 빌렸지만 말의 억양이나 내용이 내가 알고 있던 것과 동일하였다.

대화 중 나는 눈물을 참을 수 없었다. 혼의 세계가 존재 한다고 믿고 있었지만, 실체를 목격하고 보니 한편으로 놀라면서, 또 한편으로는 우리가 어떻게 이러한 혼돈의 세상에 살고 있는지 슬펐다.

우리 마음은 죽지 않는다. 몸은 수명이 있어 가지만 마음은 몸을 통하여 들어오는 모든 정보 들을 잠재의식으로 안고 하늘이 존재하는 한 영원히 존재한다.

이생의 삶이 소중한 것은 하늘을 깨닫고, 몸을 통하여 들어오는 정보들 즉 욕망을 자제하며, 마음을 본래 하늘로 부터 받은 사랑의 마음으로 회복하는 절호의 시간이기 때문이다. 이생을 놓치면, 다음 생도 같은 고통의 윤회가 계속된다는 것을 알았다.

하늘도 모르고 땅도 모른 상태에서 이생을 마감한 마음들은 허공을 맴돈다. 그토록 애착하던 몸이 없으니 춥고, 허전하며 외롭다.

어디로 가야 할지 막막하다. 허공을 맴도는 고아가 되었으니, 쓸쓸함을 달래기 위해 같은 혼령끼리 무리를 이루어 떠다닌다. 하늘에 기록될 덕을 닦아 놓은 것이 없으니, 언제 다시 몸을 받아 태어날지 모르는 기약 없는 신세이다. 욕망만으로 가득찬 잠재의식을 채우기 위해 남의 몸이라도 훔쳐, 욕구를 채우고 싶다.

눈 뜨고 코 베이는 세상이다. 마음의 눈을 뜨고, 귀를 기울여, 깨어 있지 않으면 당한다.

멀쩡하던 사람이 갑자기 돌변하여 사람들을 홀려, 사기를 친다. 귀신 들어왔다. 귀신은 남의 몸을 자기가 쓰기 위해 주인의 힘을 빼고, 자기가 주인 노릇을 한다. 기가 막히는 일이다.

얌전하던 사람이 술만 마시면 가족들을 구타하며, 난동을 부린다. 주인 정신이 몽롱한 틈을 타, 귀신이 날뛴다.

돈이 넉넉한데 남의 돈을 훔친다. 부잣집 딸이 몸을 팔고 다닌다. 일평생을 여자 치마꼬리만 따라 다닌다.
변태 성행위를 즐기며, 마약으로 성행위를 띄워 천국에 간다고 망상에 빠진다.

남자 짓 하던 놈이 여자의 몸에, 여자가 남자의 몸에 들어가

겉과 속이 다르다. 동성애를 한다. 비빔밥에 짬뽕이다. 누가 이들을 구원할 수 있겠는가?

모이면 남을 비방하며, 복수심을 들어내며, 돈을 놓고 시기 질투하며, 돈과 권력을 위해서는 남의 목숨까지도 해치는 이 불행의 근본 원인은 귀신과의 전쟁에 우리가 무방비 상태이기 때문이다.

이생에서 만든 원한은 다음 생에서 복수로 돌아온다. 자손 대대로 원한의 대가를 치루게 한다. 귀신들이 때를 지어 몰려다니며 괴롭힌다. 보이지 않는 어두움 속의 전쟁이다.

나는 누구이며, 지금 어디에 있는가?

이 고통의 어두움을 어떻게 탈출할 수 있는가?

빛은 우주로부터

I am the way and the truth and the life. No one comes to the Father except through me.

나는 길이요 진리이며 생명이니라. 나를 통하지 않고는 아버지께로 올 자가 없느니라.

요한복음 : 14 ; 6

I tell you the truth, no one can enter the kingdom of God unless he is born of water and the Spirit.

진실로 너희에게 이르니, 사람이 물과 성령으로 태어나지 아니하면 하나님 나라에 들어갈 수 없다.

요한복음 : 3 ; 5

He himself bore our sins in his body on the tree, so that we might die to sins and live for righteousness; by his wound you have been healed. For you were like sheep going astray, but now you have returned to the

Shepherd and Overseer of your souls.

친히 나무에 달려 그 몸으로 우리 죄를 감당하셨으니, 이는 우리로 하여금 죄를 죽이고, 의에 살게 하려 하심이라. 그분의 채찍의 상처로 너희는 치료받았으니, 길 잃은 양이 이제 너희 영혼의 목자와 감독이신 그분에게 돌아왔느니라.

베드로전서 : 2 ; 24-25

Come to me, all you who are weary and burdened, and I will give you rest. Take my yoke upon you and learn from me, for I am gentle and humble in heart, and you will find rest for your souls. For my yoke is easy and my burden is light.

수고하고 무거운 짐 진 자들아, 다 내게로 오라, 내가 너희를 쉬게 하리라. 나는 마음이 온유하고 겸손하니, 나의 멍에를 메고 나에게 배우라. 그러면 너희 마음이 쉬게 되리라. 내 멍에는 쉽고 내 짐은 가볍기 때문이다.

마태복음 : 11 ; 28-30

But if I drive out demons by the Spirit of God, then the kingdom of God has come upon you.

그러나 내가 하나님의 생명력으로 귀신을 쫓아내면, 하나님의 나라가 이미 너희에게 임하였느니라.

마태복음 : 12 ; 28

If you love me, you will obey what I command. And I will ask the Father, and he will give you another Counselor to be with you forever — the spirit of truth. The world can not accept him, because it neither see him nor knows him. But you know him, for he lives with you and will be in you. I will not leave you as orphans, I will come to you.

너희가 나를 사랑하면 나의 계명을 지키라. 내가 아버지께 구하여 아버지께서 또 다른 보혜사를 너희에게 보내시어, 영원히 너희와 함께 있게 하시니, 이 분은 진리의 영이시다.

세상은 이 분을 인정하지 못하니, 보지도 못하고 알지도 못할 것이다. 그러나 너희는 그분을 알 것이니, 너희와 함께할 것이며 너희 안에 계실 것이다.

내가 너희를 고아처럼 버려두지 않고 다시 오리라.

요한복음 : 14 ; 15-18

The Counselor, the Holy Spirit, whom the Father will send in my name, will teach you all things and will remind you of everything I have said to you. Peace I leave with you; my peace I give you.

I do not give to you as the world gives. Do not let your heart be troubled and do not be afraid.

보혜사, 즉 아버지께서 내 이름으로 보내실 성령, 그가 너희에게 모든 것을 가르치고, 내가 너희에게 말한 모든 것을 생각나게 하시리라. 평안을 남기고, 너희에게 나의 평안을 주노라. 내가 주는 평안은 세상이 주는 것과 다른 것이니라. 근심할 것도 없고 두려워 하지도 말라.

요한복음 : 14 ; 26-27

It is for your good that I am going away. Unless I go away, the counselor will not come to you; but if I go, I will send to you. When he comes, he will convict the world of guilt in regard to sin and righteousness and judgment.

내가 떠나는 것이 너희에게 유익하리라. 내가 떠나지 않으면 보혜사가 오지 않을 것이니, 내가 가면, 내가 그를 보내리라.

그가 오면, 죄에 대하여, 의에 대하여, 심판에 대하여 세상을 책망할 것이다.

요한복음 : 6 ; 7-8

If you then, though you are evil, know how to give good gifts to your children, how much more will your Father in heaven give the Holy Spirit to those who ask him.

너희가 악한 사람이라도 자식에게는 좋은 선물을 주고 싶어 하거늘, 하물며 너희 천부께서 구하는 자에게 성령을 주시지 않겠는가!

누가복음 : 11 ; 13

In the same way, the Spirit helps us in our
weakness.

We do not know what we ought to pray for, but the
Spirit himself intercedes for us with groans that words
can not express.

이와같이 성령도 우리의 연약함을 도우시니, 우리가 어떤 기
도를 해야 할지 알지 못하나, 성령이 말할 수 없는 탄식으로 우
리를 위해 기도해 주시느니라.

로마서 : 8 ; 26

If we have been united with him like this in his
death, we will certainly also be united with him in
his resurrection. For we know that our old self was
crucified with him so that the body of sin might be
done away with, that we should no longer be slave to
sin － because anyone who has died has been free
from sin.

만일 우리가 그의 죽음의 뜻을 알고 본받았으면, 그의 부활의
뜻도 알고 본받았을 것이다. 우리가 알거니와 우리 옛사람이 예
수와 함께 십자가에 못박인 것은 죄의 몸이 없어지고 다시는 죄

의 종이 되지 않게 하기 위함이니, 죄의 몸을 죽이므로 죄에서 해방될 수 있음을 뜻한다.

로마서 : 6 ; 5-7

Therefore, I urge you, brothers, in view of God's mercy, to offer your bodies as living sacrifices, holy and pleasing to God — this is your spiritual act of worship. Do not conform any longer to the pattern of this world, but be transformed by the renewing of your mind. Then you will be able to test and approve what God's will is — his good, pleasing and perfect will.

그러므로 형제들아, 내가 하나님의 자비심으로 권하노니 너희 몸을 하나님이 기뻐하시는 거룩한 산 제물로 드리라. 이것이 너희가 드릴 영적 예배이다. 너희는 더 이상 이 세상을 본받지 말고, 마음을 새롭게 하여 변화되면, 하나님의 선하시고, 기뻐 하시고, 온전하신 뜻을 인정하게 될 것이다.

로마서 : 12 : 1-2

Then the Lord said to him, "Now then, you Pharisees clean the outside of the cup and dish, but inside you are full of greed and wickedness. You foolish people! Did not the one who made the outside make the inside also? But give what is inside the dish to the poor, and everything will be clean for you."

주께서 이르시되, "너희 바리세인은 잔과 접시의 겉은 깨끗이 하나 너희 속은 탐욕과 악이 가득하다. 어리석은 자들아! 밖을 만드신 이가 속도 만들지 않으셨느냐? 접시 안에 있는 것을 가난한 사람들에게 주라, 그리하면 너희 모든 것이 깨끗하게 되리라.

누가복음 : 11 ; 39-41

But I did not want to do anything without your consent, so that any favor you do will be spontaneous and not forced.

다만 네 승낙 없이는 내가 아무것도 하기를 원하지 않으니 너의 선한 일이 억지로 되게 하지 않고, 자발적으로 되게 하려 함이다.

빌레몬서 : 1 ; 14

"My food," said Jesus, "is to do the will of him who send me and to finish his work."

예수께서 말씀하시되 "나의 양식은 나를 보내신 이의 뜻을 행하며 그의 일을 온전히 이루는 것이니라."

요한복음 : 4 ; 34

Christ is the end of the law so that there may be righteousness for everyone who believes.

그리스도는 모든 믿는 자에게 의를 이루기 위해 율법의 마침
이 되시니라.

로마서 : 10 ; 4

You, however, are controlled not by the sinful nature
but by the Spirit, if the Spirit of God lives in you. And
if anyone does not have the Spirit of Christ, he dose
not belong to Christ. But if Christ is in you, your body
is dead because of sin, yet your Spirit is alive because
of righteousness.

만일 너희 속에 하나님의 영이 계시면, 너희가 육신에 있지
아니하고 영에 있으니, 누구든지 그리스도의 영이 없으면 그리
스도의 사람이 아니다. 만일 그리스도께서 너희 안에 계시면,
몸은 죄로 인하여 죽은 것이나, 너희 영은 의로 인하여 산 것이
니라.

로마서 : 8 ; 9-10

We know that the whole creation has been groaning
as in the pains of childbirth right up to present time.
Not only so, but we ourselves, who have the firstfruits
of the Spirit, groan inwardly as we wait eagerly for our

adoption as sons, the redemption of our bodies. For in this hope we were saved. But hope that is seen is no hope at all. Who hopes for what he already has?

But if we hope what we do not have, we wait for it patiently.

피조물이 모두 이제까지 함께 탄식하며 고통받는 것을 우리가 아니, 성령의 첫 열매를 받은 우리까지도 내면의 고통을 겪으며 주님의 양자 되어 우리 몸의 구원을 기다리느니라. 우리가 소망으로 구원을 얻었으니, 보이는 소망이 소망이 아니니, 보는 것을 누가 바라겠나? 만일 우리가 보지 못하는 것을 바라면 참고 기다릴지니라.

로마서 : 8 ; 22-25

If you think you are standing firm, be careful that you don't fall! No temptation has seized you except what is common to man. And God is faithful; he will not let you be tempted beyond what you can bear. But when you are tempted, he will also provide a way out so that you can stand up under it.

바로 섰다고 생각할 때 넘어지지 않도록 조심하라! 사람이 감당 할 수 있는 시험이 온다. 하나님은 믿을 수 있으니 너희가 감당하지 못할 시험을 주시지 않는다. 시험에 들었을 때 감당할 수 있는 길도 함께 주실 것이다.

고리도전서 : 10 ; 12-13

As the body without the spirit is dead, so faith without deeds is dead.

영혼 없는 몸이 죽은 것같이, 행함 없는 믿음은 죽은 것이다.

야고보서 : 2 ; 26

1. 예수그리스도

2000년 전 그리스도께서 복음(Good News)의 말씀을 가지고 오셨다. 우주 만물을 만드시고, 모든 생명체의 아버지이시며, 이 순간에도 살아계시는 무한능력의 에너지 생명체로서의 하나뿐인 절대자의 존재를 설파하셨다.

이 땅의 모든 사람들의 불행의 근본 원인을 지적하셨고, 이 고통에서 벗어날 수 있는 길을 제시하셨다. 우리 마음의 아버지이신 하늘의 품을 벗어나 몸이 요구하는 물질의 세계에 마음을 빼앗겨 원죄의 어두운 길을 가고 있는 우리 생각의 현주소를 깨우치게 하시며, 원래 하늘로부터 받은 사랑의 마음을 회복하여 거듭나기를 주문하셨다.

다른 성현들과는 달리, 그리스도께서는 말씀만 남기신 것이 아니라 당신의 몸을 몸소 십자가에 희생하는 고통을 감내하시며, 부활하시어 증명해 보이셨다. 몸의 수명은 유한하나, 마음은 하늘과 함께 영원하니 하늘의 힘을 받아 새로운 마음으로 거듭나, 아버지의 마음 안으로 들어오기를 호소하셨다.

그리스도는 대성현이요, 능력자이시다. 하늘의 능력과 지혜를 누구보다 더 많이 들어 사용하시며 실천하신 분이시다.

2. 성 령

성령은 보이지 않으나 존재하는 에너지 생명체이시다.

바른 하늘의 아들로 아버지의 뜻을 알고 실천하는 지혜의 영혼이시다. 우리의 처지를 애처롭게 바라보고, 어떻게 도와야 할지 항상 걱정하시는 사랑의 동반자이시다.

좋은 몸을 받아 삶의 기쁨을 누릴 수 있는 자기만의 행복을 포기하고 어두움 속에서 죽음의 길로 가고 있는 우리들의 마음의 행로를 바로 잡아 주기 위해 지금 이 순간에도 우리들 주변에 계신다.

문제는 우리가 그분의 존재를 믿지 못하고 부정하고 있다는 것이다. 믿음이 없으면 오시지 않는다. 초청하지도 않는데 손님이 방문하시겠나? 내가 스스로 내 마음을 고친다는 것은 천지 개벽 하는 소리이다. 마음이 있는지도 모르는데 무엇을 어떻게 고친다는 건가?

삶의 무게로 기진맥진한 나를 도와줄 것을 진심으로 청하면 반드시 오신다. 그분은 하늘의 생명력을 가지고 오시니, 먼저 쓰러져 가는 나에게 힘을 주신다.

내 마음의 행로를 반성케 하시고 스스로 고쳐 가도록 하늘을 향해 지혜의 은총을 기도해 주신다. 진정한 동반자요 나의 고귀한 선생님이시다.

굳으면 풀기 어렵다

에너지 운동의 관성의 법칙에 따라, 물질만을 따라 다니는 마음의 행로는 쉽게 멈출 수 없다. 자기도 모르는 사이에 습관화 되어 고정관념으로 변화되어, 어떤 말도 듣지 못한다. 자기가 만든 좁고 어두운 쪽방에 가두어져, 나오지 못한다.

하늘의 힘과 지혜로 큰 능력을 발휘해야 할 마음을 스스로 지옥으로 만들었으니, 누가 이들의 마음의 벽을 허물어, 빛의 세상으로 나오게 할 수 있겠는가?

성령의 도움으로 하늘의 생명력을 구하여 받음으로 가능하다.

살마광선

하늘의 생명력은 귀신을 몰아내고, 어두움을 밝게 하는 신비한 능력을 발휘한다. 마음의 눈과 귀를 밝게 하여, 이 힘을 이웃에 전하여 이웃을 살려내는 능력을 얻게 한다.

율법의 완성

하늘의 생명력을 구하여 받아, 마음의 어두움을 몰아내고 원래 하늘로부터 받은 사랑의 마음, 숨어서 대가 없이 순수하게 베풀기만 하는 깨어 있는 나 즉 하늘의 아들인 나를 다시 찾으면 율법은 저절로 지키게 된다.

숨을 들어 마시려면 먼저 내 쉬어야 한다.

이웃에 따뜻한 말 한마디라도 먼저 전해야 한다. 냉정한 마음에 온기를 전하니 마음이 풀어진다. 하늘의 힘은 이웃의 마음을 살려내는 생명력을 발휘한다.

나는 주기만 했는데 얻는 것이 더 많다. 받은 사람의 감사의 에너지가 내게 돌아 오며, 내 몸을 순환하고 있는 하늘의 힘을 그대로 들어 사용하니 더 많은 하늘의 힘이 내게 들어온다.

환자는 힘이 없다.

복수의 마음이 일어날 때, 상대는 죽음의 길에 들어선 가련한 환자로 생각을 바꾸면 된다. 용서는 뉘우칠 때 하는 것이다.

하늘의 힘을 남을 공격하는 무기로 쓰면, 힘이 빠지며 스스로 무너진다. 하늘의 무기는 기이하다. 나를 보호하고 싸우지 않고 이긴다.

고통은 나를 강하게 만든다.

근육을 강하게 만들기 위해 운동을 한다. 하늘은 우리 정신을 강하게 세우기 위해 고통을 주신다.

능히 감당할 수 있는 것들이다. 세상일과 싸워 이기게 하므로 마음을 더 강하고 크게 하신다.

사업가도 목회자이다

종업원을 같은 하늘의 자식으로 인격을 존중하고, 배려하며, 협동과 자유를 동시에 누리게 하면 하늘의 힘이 모인다.

생산성이 향상되며, 신제품이 쏟아진다. 하늘의 힘은 사람들 마음을 끌어당기는 힘을 발휘한다. 구매자들이 구름처럼 모인다. 대표는 사람만 사랑했는데, 회사는 저절로 번창한다.

거기 누구 없소?

자신의 삶을 검소하게 살며, 나라 살림을 내 집 살림처럼 아끼며, 나라와 국민을 위해 험하고 어려운 일을 마다하지 않고 실천하여, 작은 정부를 만들어 국민들 마음을 끌어당겨 하나로 모을 수 있는 하늘의 사람은 없소? 있다. 우리 눈에 보이지 않을 뿐이다.

하늘은 사람을 통하여 역사 하신다. 외형이 아니고, 마음이 따듯한 사람을 통하여 그분의 뜻을 나타내신다.

진리의 눈

Consequently, you are no longer foreigners and aliens, but fellow citizens with God's people, and members of God's household, built on the foundation of the apostles and prophets, with Christ Jesus himself as the chief cornerstone.

In him the whole building is joined together and rises to become a holy temple in the Lord. And in him you too are being built together to become a dwelling in which God lives by his Spirit.

그러므로 너희는 이제 외인도 손님도 아니고, 하나님 사람들과 동등한 시민이요, 하나님 가문의 일원이 되었느니라. 그리스도께서 친히 머릿돌이 되시고, 사도들과 선지자들이 세운 터 위에 세우심을 입었느니라.

그분 안에서 전체건물이 하나로 연결되고 주님의 성전으로 지어진다.

그리고 그분 안에서 너희들도 하나님의 성령이 거할 수 있는

처소로 지어질 것이다.

에베소서 : 2 ; 19-22

For if you possess these qualities in increasing measure, they will keep you from being ineffective and unproductive in your knowledge of our Lord Jesus Christ. But if anyone dose not have them, he is nearsighted and blind, and has forgotten that he has been cleaned from his past sins.

주 예수 그리스도에 대한 앎이 비효과적이고, 비생산적이지 않게 하기 위해서는 그 앎을 키워 나가야 한다. 그러지 못하면, 근시안이요, 소경이며, 옛 죄를 깨끗게 하심을 잊었느니라.

베드로 후서 : 1 ; 8-9

Love never fails. But where there are prophecies, they will cease; where there are tongues, they will be stilled; where there is knowledge, it will pass away. For we know in part and we prophecy in part, but when perfection comes, the imperfect disappears. When I was a child, I talked like a child, I thought like a child, I reasoned like a child. When I became a man, I put childish ways behind me.

사랑은 없어지지 않는다. 그러나 예언도 폐하고, 방언도 그치고 지식도 없어진다. 일부만 알고, 부분적으로 예언하나, 완전한 것이 오면 불 완전한 것은 없어진다. 어릴 때는 어린아이처럼 말하고, 생각하고, 분별하였지만 어른이 되면, 그것을 버린다.

고린도전서 : 13 ; 8-11

You are the salt of the earth. But if the salt loses it's saltiness, how can it be made salty again? It is no longer good for anything, except to be thrown out and trampled by men.

너희는 세상의 소금이니, 소금이 그 맛을 잃으면 무엇으로 다시 짜게 하겠나? 아무 쓸모 없이 버려져 사람들에게 밟힐 뿐이다.

마태복음 : 5 ; 13

You are the light of the world. A city on a hill can not be hidden. Neither do people light a lamp and put it under a bowl. Instead they put it on it's stand, and it gives light to everyone in the house. In the same way, let your light shine before men, that they may see your good deeds and praise your Father in heaven.

너희는 세상의 빛이다. 산 위의 도시는 숨기지 못한다.

사람이 등불을 켜서 그릇 아래에 두지 않고 등잔 위에 두어 모든 사람을 비취게 하듯, 너희 빛을 사람 앞에 비취게 하며, 그들이 너희 착한 행실을 보게 하여, 하늘에 계신 아버지를 찬양케 하라.

마태복음 : 5 ; 14-16

Jesus went through all the towns and villages, teaching in their synagogues, preaching the good news of the kingdom and healing every disease and sickness. when he saw the crowds, he had compassion on them, because they were harassed and helpless, like sheep without shepherd.

Then he said to his disciples, "The harvest is plentiful but the workers are few. Ask the Lord of the harvest, therefore, to send out workers into his harvest field."

예수께서 모든 성과 촌을 두루 다니시며 회당에서 가르치시며 천국의 복음을 전하시며, 병과 모든 약한 것을 고치셨다. 몰려든 군중들을 보시고 애처롭게 여기셨다. 그들은 목동 없는 양처럼 괴롭고 의지할 곳이 없어 보였기 때문이다. 제자들에게 "추수할 것은 많은데 일군이 적으니, 추수하는 주인에 청하여 추수할 일꾼을 보내어 주소서 하라" 하시었다.

마태복음 : 9 ; 35-38

"The kingdom of heaven is like a net that was let down into the lake and caught all kinds of fish. When it was full, the fishermen pulled it up on the shore. Then they sat down and collected the good fish in baskets, but threw the bad away."

천국은 호수에 던져 모든 물고기를 잡는 그물과 같은 것이다. 그물이 차면, 어부는 물가로 옮겨, 좋은 물고기는 그릇에 담고 나쁜 것은 버린다.

마태복음 : 13 ; 47-48

All authority in heaven and on earth has been given to me. Therefore go and make disciples of all nations, baptizing them in the name of the Father and of the Son and of the Holy Spirit, and teaching them to obey everything I have commanded you. And surely I am with you always, to the end of age.

하늘과 땅의 모든 권세를 내게 주셨으니, 그러므로 너희는 가서 모든 민족들을 제자로 삼아, 아버지와 아들과 성령의 이름으로 세례를 주고, 내가 너희에게 분부한 모든 것을 가르쳐 지키게 하라. 내가 세상의 마지막 날까지 항상 너희와 함께 있으리라.

마태복음 : 28 ; 18-20

I tell you the truth, you shall see heaven open and

the angels of God ascending and descending on the Son of Man.

진실로 너희에게 말하노니, 하늘이 열리고 하나님의 천사들이 인자 위를 오르락 내리락하는 것을 보게 될 것이다.

요한복음 : 1 ; 51

Neither do men pour new wine into old wineskin. If they do, the skins will burst, the wine will run out and wineskin will be ruined. No, they pour new wine into new wineskin, and both are preserved.

새 포도주는 낡은 부대에 넣지 말아야 하거늘, 그렇게 하면, 부대가 터져서 포도주가 흘러나오고, 부대도 망가진다. 새 포도주는 새 부대에 넣어야 포도주와 부대가 온전히 보전될 수 있다.

마태복음 : 9 ; 17

He who overcomes will, like them, be dressed in white. I will never blot out his name from the book of life, but will acknowledge his name before my Father and his angels.

이기는 자는 그들처럼 흰옷을 입을 것이요. 내가 그 이름을 생명책에서 지우지 않을 것이며, 아버지와 천사들 앞에서 너의 이름을 인정할 것이다.

요한계시록 : 3 ; 5

마음의 문을 활짝 열고 우주 전체를 향해 마음의 눈과 귀를 집중해보자. 하늘의 사랑의 마음 안에 들어가면 자연을 볼 수 있고, 하늘의 뜻을 알 수 있다.

1. 외계인과 단군신화

4300여 년 전 단군이 고조선을 세우고 통치이념을 홍익인간으로 발표하셨다. 널리 사람을 이롭게 하여 하늘의 뜻을 이 땅에 실현하시고자 하셨다. 단군은 하늘의 자손이다.

당시 별나라 중 북두칠성의 어느 한 별나라의 환인이라는 통치자가 아들인 환웅을 백두산으로 내려보내며, 사람들을 깨어나게 다스리도록 명하여, 일행과 함께 비행기를 타고 내려와 백두산 인근에 살고 있었던 웅족(熊族)이라는 공동체의 족장의 딸과 혼인하여 태어난 분이 단군이다.

황당한 소리라고? 곰이 쑥을 먹고 동굴에서 사람으로 변신하였다는 말 보다 현실적이다.

족보상으로 보면 우리 시조가 하늘의 자손이니 우리도 모두 천손 민족이다. 그러나 우리가 단군의 정신을 이어받았는지가 문제이다. 홍익인간의 정신을 지키지 못하고 있다면 이미 우리는 단군의 후손이 아니다. 혈통이나 민족이라는 말은 개뿔 같은 소리다. 이미 다른 종족과 피가 섞긴지 오래되었다.

돈을 놓고 부자, 형제지간에 싸움이 벌어진다. 어떻게 설명하 겠나? 그냥 이산가족인가?

이 우주 공간에는 약 27조 개의 별나라가 있다고 한다. 우주 전체에서 보면 지구는 보이지도 않는다. 보이지도 않는 이 작은 땅에만 사람이 살고 다른 별나라는 모두 돌덩어리나 운무 같은 것으로 구성되었다고 주장 한다면, 하늘의 뜻을 모르는 소리이 다. 별이 만들어지는 과정에서 폭발하는 경우도 있다. 그 파편 을 분석한 결과, 그 운석에는 이미 금 은 철 등과 산소가 발견 되었다고 과학자들이 전하고 있다.

하늘의 에너지 움직임은 만물에 동일하게 작용하며, 같은 반 응을 일으킨다. 외계에도 생명체가 존재하며 사람이 살고 있다.

태양계가 모여 은하계를 이루며, 은하계가 모여 갤럭시를 이 룬다. 이 중에는 지구보다 몇 배, 몇십 배 더 큰 별나라들이 있 는가 하면, 고도의 과학 문명을 누리는 차원 높은 인격체들이 있다. 우리가 상상하지도 못하는 비행기를 타고 이 땅을 왕래하 고 있다.

이런 비행기를 괴물이 몰고 다닌다? 이치에 맞지 않는다. 물 론 이들이 모두 하늘의 자식이라 볼 수는 없다. 항상 선과 악이 함께 존재하게 만든 것이 하늘의 뜻이기 때문이다. 그들의 행동 으로 판단하는 것이 우리의 몫이다.

내가 완전히 돌았다고?

그럼 전 세계 수천만 명의 목격자들이 모두 돌았다는 예기다. 성경에서 천국을 예비해 놓았다, 흰옷 입은 천사들, 아기 예수 탄생을 경배하기 위해 동방박사가 길을 떠날 때 별이 따라 다녔다고 기록한 것은 꿈속의 예기를 기록한 것인가?

2. 가치의 기준

옛날에는 일부다처의 가장이 능력이 있는 사람으로 평가 받았다. 먹고 살기 힘든 시절에는 한 사람이라도 더 많이 먹여 살렸기 때문이다. 지금은 집에서 쫓겨 나기 바쁘다.

자녀를 많이 가지지 말라고 하다가, 요즘은 많이 가지면 돈을 준다고 한다.

평화로울 땐 돈이 최고이다가, 전쟁이 터지면 쌀이 최고다.

사 자로 끝나는 직업을 자진 신랑감을 구하다가 지금은 공무원을 찾아다닌다.

몸의 건강이 나의 건강의 전부 인양, 보약과 좋은 음식만 찾아다니며 일찍 죽는다.

배운 것이 많고, 말 잘하고, 똑똑하고, 유명하여 지도자로 뽑았더니 개털이었다. 사기에 속았다.

세상의 외형과 물질에 기준을 둔 가치관은 시대와 장소에 따라 바뀐다.

오래 가는 것도 바른 것도 없다. 일상을 살면서 우리의 가치의 기준이 어디에 있는지, 하늘의 마음과 얼마나 멀리 떨어져 있는지, 우리 정신이 바른길로 가고 있는지를 의심하며, 잠재의식으로 남아 있는 과거의 생각들을 반성할 수 있는 사람은 철이 들어가는 사람이다.

세월이 가며 모습이 바뀌었는데 마음은 아직 청춘이다. 그런데 몸이 마음대로 움직이지 않는다. 몸이 약해진 것이 아니고, 마음의 힘이 약해진 것이라 인정할 수 있겠는가?

부정적인 생각을 긍정으로 엎어치기를 할 수 있겠는가?

이웃이 내가 하지 못하는 재능이 있다고 인정하며 높이고, 나는 겸손해질 수 있겠나?

생활은 검소하나, 내면에 보석상자를 만들고 있다고 자부하고 있는지?

대가를 바라지 않고 베풀기만 해도 행복하다고 생각되는가?

마음의 건강이 몸의 건강을 좌우한다는 것을 알고 있는가?

나의 재능을 보다 많은 이웃에 전하여, 그들에게 이익을 줄 수 있는 길이 무었인지 고민해 본 시간이 있는가?

하나 마나 하는 소리라고?
책에 다 있는 소리라고?
그럼 생활에서 실천하고 있습니까?
이 기준에서 여러분의 내면을 보고 세상을 읽고, 사람을 보면 보입니다.

3. 학문의 완성

자연과학

태초에 수소와 헬륨이 나타나 암흑물질[Dark Energy]이 생겨나고 운동을 일으켜 블랙홀이 형성되어 별나라들이 만들어졌고, 지금도 만들어지고 있다.

땅은 핵, 즉 불기둥을 중심으로 하늘의 에너지가 순환하며, 신비한 여러 반응을 일으켜, 철 금 은 등의 물질이 생겨나며 동시에 산소가 생겨나 순환 중인 수소와 결합 되어 물이 생겨나며, 씨앗이 생겨나고 자라게 하며, 생명체가 여기에서 생긴다.

태양 빛을 받은 땅의 각종 식물 들은 호흡을 하며 산소와 피톤치드 같은 무수한 생명의 힘을 내 품는다. 이 힘으로 생명체들이 호흡하며 살아 움직인다.

내 몸을 순환하고 있는 하늘의 힘은 내 몸과 반응을 일으켜 호르몬이 생성되며, 또 다른 생명체, 즉 세균들이 생겨난다.

모든 생명체들은 하늘의 힘을 받아 태어나, 하늘의 힘으로 살아 움직인다.

우주 만물의 탄생은 하늘의 품 안에서 이루어진다는 전제하에 연구하는 학문이 자연과학이다. 하늘의 에너지 움직임의 뜻을 알고 차원을 높여 가므로, 나의 학문이 다른 학문과 연결되어 있음을 깨닫고 키워가므로 완성할 수 있다.

예를 들어 볼까요.
19세기 초 로랜즈가 각인반응을 발표했다. 새가 알을 깨고 세상에 태어날 때 처음으로 본 어미의 얼굴을 평생 잊지 않고 따라다닌다. 비슷한 시기에 파브로브는 12시에 식사 종소리를 듣고 개가 군침을 흘리며 주인에게 달려왔다고 논문을 발표하여 조건반사라 하였다.

이 두 학문은 서로 다른 사람이 다른 시험대상자인 새와 개를 통하여 얻은 결과이니 별개의 학문으로 생각되나, 모든 생명체의 생체리듬의 관점에서 보면 동시에 일어나는 현상이다. 즉 하나로 연결되어 있다.

춘향이와 방자 같은 소리라고?
치즈피자 사진만 봐도 군침이 돈다.
강원도 산나물 밥이 생각나며, 먹고 싶어진다.
오이를 먹고 탈이 난 이후로 젓가락이 가지 않는다.
그놈만 생각하면 지금도 복수심이 생기고 혈압이 오른다.

마음에 기록 저장된 정보, 즉 우리 생각에 따라 몸의 생체리듬에 직접 영향을 준다. 긍정의 생각은 긍정의 호르몬이 생성되어 유익한 바이러스가 생겨난다. 하늘의 사랑의 에너지 움직임은 정확하며, 신비한 반응을 보인다.

하늘의 에너지 운동 안에서 몸의 생체리듬이 같이 운동하고 있다. 우리 마음이 여기에 맞게 하여 하늘의 지혜로 학문을 키워 가느냐는 우리의 자유 선택이다. 우리 마음을 바로 세워야

하는 과제가 남아 있기 때문이다.

인문과학

훌륭한 건축사는 건물의 위치와 방향, 내부구조를 채광과 공기의 움직임의 특징을 고려하고, 겉모양도 주변 자연과 어울리게 설계한다.

의사는 약만 처방하는 것이 아니고, 환자에게 긍정의 희망을 주는 그분이 명의이다. 따뜻한 말 한마디가 병을 이겨낼 수 있다는 긍정의 힘이 솟아나게 한다.

H_2O는 물이다.
물이 어떻게 생겨났는지를 가르치는 선생님이 진짜 은사이다.

사람을 소중하게 생각하는 사업가는 성공한다.

훌륭한 어머니는 자식이 신체적 장애를 딛고 일어나 재능을 발휘할 수 있도록 용기를 불어넣어 주는 어머니이시다.

전문가는 회사와 동료들이 만들어 준다. 나는 독불장군이 아니다.
정치는 국민의 마음을 다스리는 것이다.

다스린다는 말은 깨어나게 하고 각자의 재능을 마음껏 발휘할 수 있는 사회적 바탕을 마련해 준다는 뜻이다. 이 어려운 일을 해결할 수 있는 사람이 능력이 있는 지도자이다.

학교에서 배운 학문은 기초이다. 이 기초위에서 학문의 완성은 삶 속에서 키워 나가는 것이다. 하늘의 에너지 운동의 뜻을 이해하고 내 마음을 밝게 만들어 가므로 가능하다.

4. 한 사람이 소중하다

사람은 많은데 쓸모 있는 사람이 없다. 이 진리를 아는 사람도 드물고 실천하는 사람도 찾기 어렵다.
그러나 진리를 몰라도 하늘로부터 받은 사랑의 마음을 지니고 있는 사람들은 있다.

세상에 밀려다니면서도 항상 마음은 그 어떤 다른 길이 있다고 갈망하는 사람은 양심의 불씨가 꺼지지 않고 살아 있는 사람들이다. 이 사람들을 키워내야 한다.
가정에서 사회에서 종교기관에서 국가기관에서 발굴하여 소중한 자산으로 보호하여야 한다.

이 사람들은 지금은 능력이 부족해도 무한한 가능성이 있으며, 자기보다 능력이 뛰어난 인재를 지도자로 섬길 줄 아는 사람이니, 그 조직의 소금이다. 이 사람들의 말과 행동은 수십 명 아니 수십만 명의 마음에 감동을 주어, 하나로 모으는 하늘의 힘을 발휘할 것이다.

필자가 이 책을 쓰는 목적은 이분들에게 도움을 드리고자 함인데, 효과도 없는 약을 파는 약장수는 되지는 말아야 할 텐데, 걱정이다. 아니면, 이 진리를 알아서 어디 가서 시험 볼 일이라도 있습니까?

5. 명 상

어떻게 하면 양심의 불씨를 살려내어, 하늘로부터 물려받은 본래의 사랑의 마음을 회복할 수 있겠는가?
답은 간단하고 쉽다. 기도뿐이다.
기도는 하늘의 힘을 구하여 받는 것이다.
기도하는 방법은 여러 가지가 있을 것이다.
저가 권해 드리고자 하는 것은 명상이다.
명상? 절에 스님들이 하는 것? 아니다. 명상은 석가모니 탄생 500여 년 전부터 인도에서 해오던 호흡법이다. 아니, 스님들이 많이 한다고 거부하는 그 생각부터 버려야 한다.
명상은 이미 하버드 의대를 비롯하여 세계 유수의 의과대학에서 임상시험으로 그 효과가 입증된 과학 프로그램이다. 국내 종합병원의 암 환자 치료과정의 한 분야로도 시행되고 있다.

명상하는 방법

- 허리를 반듯하게 하여 앉자, 손을 앞으로 편하게 모은다.
- 눈을 감고 마음을 집중한다.
- 먼저 입으로 몸 안의 공기를 천천히 내뱉는다.
- 코로 천천히 공기를 들어 마신다. 아랫배에서 가슴까지 채운다.
- 입으로 내뱉으며, 정수리와 이마를 통해 하늘의 에너지가 몸 안으로 들어온다고 믿는다.
- 반복한다. 생각이 떠오르면 가다듬고 호흡에 집중한다.

숨 쉬며 살아 있으면 되었지, 새삼스럽게 앉아서 숨쉬기는 무슨 소리냐고?

그 효과는 과학적이고 논리적이다. 과정별로 풀어 볼까요.

명상의 효과

먼저 입으로 숨을 내쉰다.

산소가 소모되어 노폐된 공기를 내뱉는다. 말만 들어도 기분 좋다.

코로 공기를 들어 마신다.

산소를 몸속으로 주입한다. 산소가 용해되어 세포가 활력을 얻는다. 몸 전체부위가 제 기능을 찾아 활발하게 움직인다.

정수리와 이마를 통하여 에너지가 들어온다.

내 마음이 하늘의 생명력을 잡고 있다는 뜻이다. 즉, 깨어 있다는 뜻이며 세상의 정보들에 초연하다는 뜻이다. 바꾸어 말하면 하늘의 에너지를 받으면, 세상으로 쏠리는 마음을 바로 고칠 수 있다는 결론이다.

현대의학의 숙제는 암과 치매이다.

암은 산소와 열을 싫어한다. 산소를 공급하여 세포가 활발하게 살아 있으면 열이 발생 된다. 암을 예방할 수 있으며, 치료에 도움이 된다는 결론이다.

치매는 뇌 속의 기억소자인 수소와 원자가 잘 결합 되지 못하여 기억력이 상실되면서 시작된다. 세상 물질의 정보들을 이리저리 따라다니며 에너지를 소비하여 마음의 힘이 고갈되어 오는 병이다. 하늘의 힘을 잡고 있으면 예방할 수 있다. 이미 와버리면 길이 없다. 하늘의 힘을 다시 잡을 수 없기 때문이다.

명상은 하늘과 내 마음 내 생체리듬을 하나로 연결하는 훈련이다.

매일 30분 정도는 해야 한다. 아니 시작이 반이다.

5분 10분씩이라도 매일 하여야 한다. 일상의 생활에서 몸을 통하여 들어오는 정보들과 내면에 저장된 기억들이 서로 작용하여 스트레스를 받고 있기에, 그날의 마음의 피로는 그날 풀어야 한다.

얼마 동안 해야 하냐고?

오랜기간 동안 죄업을 쌓았으니, 풀어내는 것도 오래 걸린다. 어려운 것을 쉽게 생각하자. 밥 먹고 사는 것처럼 내 생활의 일부로 생각하면 된다. 숨 쉬고 살아 있는 동안 하면 된다.

무엇을 얻을 수 있냐고?

80세가 넘은 노부부도 늦둥이를 얻을 수 있다. 뻥 이라고? 해보지도 않고 날 보고 뻥 쟁이라고 하면 ....

다이어트에 효과가 있다.

하늘의 생명력이 원활하게 순환하면, 몸속의 세포들이 스스로 담백질 등 영양소를 생성해 낸다. 자가포식 (Autophagy) 이라 하여 필요량의 60% 정도를 생산해 내니, 나머지 40% 정도가 먹는 음식으로 보충되어 몸이 유지되니 음식을 자연스럽게 줄이게 된다.

공짜인데 뭐 좀 더 없소?

하늘의 지혜를 얻을 수 있다. 마음의 눈과 귀가 열리니, 세상을 바로 볼 수 있다. 진리와 가짜, 선과 악을 분별할 수 있으니, 바른 삶을 살게 된다. 학문을 하늘의 지혜로 승화시킬 수 있는 능력을 얻을 수 있다.

돈으로 살 수 없는 천하에서 제일 소중한 것이다.

믿음이 가십니까?

믿음 데로 된다. 이제 마음의 눈과 귀가 열렸으니, 믿음 데로 실천하면 된다. 가정에서, 직장에서, 사회에서 이 사랑의 마음을 쓰면 된다. 하늘은 스스로 돕는 자를 돕는다. 노력하면 하늘은 더 많은 힘을 보내준다. 지혜와 생명의 힘은 이웃을 살리고, 나도 사는 신비한 능력을 발휘한다.

맺는말

노자는 사람의 정신을 죽이는 자들은 내가 잡아 죽이겠다 하였으며, 우리가 죽음의 길을 가고 있다는 것을 알기만 해도 성인이라 하였다

세상 물질을 향한 우리 마음은 아버지를 외면하였으니, 길을 잃고 떠돌아다니며 기력을 소모하며 기진맥진하여 죽음의 길을 가고 있다. 이들의 정신을 두 번 죽이는 무리 들과 싸워, 사람들을 구해내야 한다.

하늘의 생명력이 내 마음을 다시 살려내는 유일한 신비의 약임을 선포한 지도 2000년이 지났다. 아직도 많은 사람들이 그리스도의 십자가 희생의 뜻을 바로 이해하지 못하고 있다.

종교라는 제도권의 틀 안에서 학문으로서의 성경에서 벗어나 지금 이 순간에도 살아 계시는 하나님을 바로 이해하므로 내 마

음을 볼 수 있는 지혜의 눈이 열리기를 희망하며, 이 책이 조금
이나마 도움이 되었으면 한다.

2019. 9
신 기 영

하나님은 누구이신가

인쇄일 2019년 9월 27일
발행일 2019년 9월 27일
역 해 신기영
펴낸이 아이씨앰
펴낸곳 아이씨앰
출판등록 2006년 6월 29일 제408-2006-00003호

주 소 경기도 안성시 죽산면 장원리 1379번지
전 화 010-2465-7088
E-mail lccm7088@naver.com